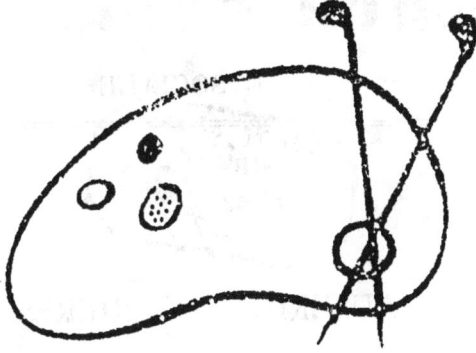

Début d'une série de documents
en couleur

8°Z

N° 255

...tion Populaire

SÉRIE SOCIALE

O. JEAN

CAUSERIES OUVRIÈRES

L'Eglise et l'Esclavage

Le numéro : 0 fr. 25

PARIS	REIMS	PARIS
Maison Bleue	Action Populaire	Victor Lecoffre
4, rue des Petits-Pères, 4	5, rue des Trois-Raisinets, 5	90, rue Bonaparte, 90

Ancienne Association Catholique.   *XXXVIIᵉ Année.*

LE MOUVEMENT SOCIAL

REVUE CATHOLIQUE INTERNATIONALE MENSUELLE

~~~~~~

ABONNEMENT

FRANCE	UNION POSTALE
Un an............... **18** fr.	Un an................ **21** fr.

L'abonnement est annuel ;
il part du commencement de chaque trimestre.

DIRECTION

M. G. DESBUQUOIS,   M. J. ZAMANSKI,
Directeur de l'Action Populaire.   du Secrétariat Social de Paris.

RÉDACTION ⎰ Action Populaire, Reims.
⎱ 5, avenue du Maine, Paris (VIᵉ).

ADMINISTRATION

Action Populaire : 5, rue des Trois-Raisinets, Reims.

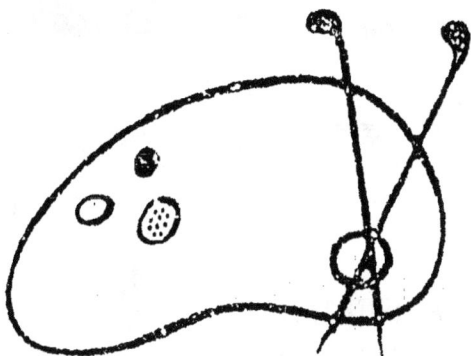

Fin d'une série de documents
en couleur

N° 255

Action Populaire

SÉRIE SOCIALE

O. JEAN

CAUSERIES OUVRIÈRES

L'Eglise et l'Esclavage

Le numéro : 0 fr. 25

PARIS	REIMS	PARIS
Maison Bleue	**Action Populaire**	**Victor Lecoffre**
4, rue des Petits-Pères, 4	5, rue des Trois-Raisinets, 5	90, rue Bonaparte, 90

L'Eglise et le travail manuel.

Introduction.

Le reproche le plus grave peut-être qu'on fasse à l'Eglise actuellement, celui qui est susceptible d'impressionner le plus fortement les intelligences ouvrières est le suivant : l'Eglise est un groupement religieux qui se désintéresse totalement de la vie présente pour ne penser qu'à la vie future. Le but avoué qu'elle se propose est de conduire les hommes au bonheur de l'au delà ; et, auprès de cette existence d'une éternelle durée dont elle cherche à préparer le bonheur, l'existence présente lui semble si peu de chose, que ce n'est vraiment pas la peine qu'on s'en occupe. Bien plus, ajoutent nos adversaires, l'Eglise, non seulement se désintéresse du sort matériel des classes laborieuses, mais sa doctrine a les conséquences les plus néfastes au point de vue de l'amélioration des conditions du travail. N'enseigne-t-elle pas, en effet, que la douleur est une épreuve nécessaire et féconde ? Ne prêche-t-elle pas la grandeur de la pauvreté ? Et à quoi arrive-t-elle par là ? à détruire chez ses adeptes le désir de tout effort vers une situation meilleure, à faire naître en eux le fatalisme d'une inactive résignation à des épreuves volontairement acceptées. Elle est donc l'alliée la plus précieuse des riches et des heureux de ce monde qui, grâce à cette acceptation volontaire, à cette résignation de ceux que le sort n'a pas favorisés, jouiront tranquillement de leurs privilèges et de leur fortune, sans que personne vienne les inquiéter dans leur égoïste possession de tous les bonheurs d'ici-bas.

Nous, au contraire, continuent nos adversaires, nous en

croyons pas à la vie future et alors nous pensons à la vie présente ; aux classes ouvrières nous disons qu'il leur faut être heureuses ici-bas ; qu'il faut faire de leur bonheur d'ici-bas le but de leur activité ; qu'il leur faut demander aux riches le partage d'une fortune qu'ils n'ont aucun titre à posséder plutôt que d'autres moins fortunés, et, grâce à nous, les ouvriers, délivrés des soucis de l'au delà, acquièrent de jour en jour de meilleures conditions d'existence. Les ouvriers, concluent-ils, ne seront donc heureux que le jour où ils auront été totalement arrachés à l'influence de l'Eglise dont la doctrine contrarie et entrave leur émancipation.

Vous savez que c'est là le thème favori de nos adversaires. « Nous avons, disait M. Viviani, dans un discours célèbre, nous avons arraché les consciences humaines à la croyance. Lorsqu'un misérable, fatigué du poids du jour, ployait les genoux, nous l'avons relevé ; nous lui avons dit que derrière les nuages il n'y avait que des chimères. Ensemble, et d'un geste magnifique, nous avons éteint dans le ciel des lumières qu'on ne rallumera plus. Voilà notre œuvre, notre œuvre révolutionnaire. »

« L'Eglise, disait au Convent maçonnique de 1905 M. Lafferre, naguère ministre du Travail, l'Eglise prêche au peuple une doctrine de mort, lui inculque ce sentiment qui, tant qu'il n'aura pas disparu, sera la cause de toutes les stagnations. Ce sentiment, vous le connaissez bien : c'est la résignation à la souffrance. Nous, nous voulons cultiver chez le peuple le contraire de la résignation... la révolte, la révolte permanente et raisonnée contre la résignation, contre les iniquités sociales, la révolte méthodique contre tout ce qui n'est pas conforme à la raison, à la liberté, à la justice. Nous voulons que cette révolte soit méthodiquement organisée (1). »

Vous me rendez cette justice, mes amis, que je vous ai

---

(1) Voir en outre *Année sociale internationale 1911*, p. 36 et suivantes ; ou *Revue de l'Action Populaire* du 10 janvier 1911, p. 6 et suivantes.

donné l'objection tout entière et sans rien vous en cacher.
Et cela me paraît nécessaire. car ces idées vous les avez lues
ou entendues tant de fois déjà, et vous êtes destinés à les
lire ou les entendre tant de fois encore, qu'il importe que
vous n'en soyez pas étonnés, et que vous ayez examiné la
réponse à faire, sans vous trouver déroutés par une objection nouvelle. Et puis, après tout, n'est-ce pas faire acte
de bonne foi quand on veut réfuter un adversaire que de
commencer par exposer sa pensée pleine et entière ?

Ceci dit, et avant d'examiner *pratiquement* et *historique-
ment* si ces accusations sont fondées, remarquons que ce
serait une chose *théoriquement* bien étrange qu'il en soit
réellement ainsi. Comment ! nous aurions été créés par un
Dieu d'une sagesse et d'une intelligence infinies ; ce Dieu
nous aurait formés d'un corps et d'une âme ; il nous aurait
jalousement donné des préceptes pour la vie de notre âme,
et il aurait totalement oublié d'en donner pour la vie de
notre corps ? Cet oubli de la part de Dieu serait vraiment
bien extraordinaire ! D'ailleurs, si nous y réfléchissons bien,
ne doit-il pas y avoir nécessairement conformité complète
entre les préceptes qui doivent régler notre vie matérielle et
ceux qui inspirent notre activité spirituelle ? Par le fait
même que nous sommes constitués par une âme et un
corps indissolublement unis ; qu'un acte de charité, par
exemple, tout spirituel qu'il est, s'accomplit par des actes
matériels : soigner ou visiter les pauvres, donner l'aumône, etc. ; que nos vices ou nos vertus comme la gour-
mandise, la colère, la paresse, la luxure, etc., ou leurs
inverses, la sobriété, la douceur, l'amour du travail, la
pureté, se traduisent par des actes corporels, ne serait-il pas
conforme à la sagesse que les règles données pour l'âme
aient, dans leur exécution ou leur désobéissance, des conséquences matérielles heureuses ou malheureuses pour le
corps ? Evidemment oui, là est la réponse à l'objection de
l'oubli des règles matérielles destinées à assurer le bonheur
de la vie présente, c'est que le Décalogue donné par Dieu
comme règle de vie s'applique à l'*homme tout entier* corps

et âme, et que son observation, c'est Le Play qui nous l'assure, rend non seulement les individus vertueux, mais les peuples matériellement heureux, et matériellement heureux dans la proportion où ils observent la loi de Dieu. A l'encontre des adversaires qui nous disent : « L'ouvrier ne sera heureux que le jour où il sera arraché à l'influence de l'Eglise », voilà un penseur, un des sociologues les plus savants, les plus incontestablement et universellement estimés qui vient nous dire : « Vous voulez être heureux en ce monde : eh bien, écoutez l'Eglise et suivez ses enseignements. Plus vous pratiquerez sa doctrine, plus vous serez matériellement heureux ici-bas. »

Mais il ne suffit pas contre une affirmation d'en dresser une autre même signée d'un nom illustre. Il faut étayer cette affirmation par des preuves et c'est ce que nous ne saurions manquer de faire, car sur ce terrain les preuves abondent, et nous n'avons que l'embarras du choix.

Nous pourrions, par exemple, prendre l'un après l'autre les commandements du Décalogue, montrer la nécessité de l'existence de Dieu comme fondement de la loi morale indispensable à la vie des sociétés ; trouver comme conséquence du 3e commandement l'obligation du repos hebdomadaire, qui est d'une utilité matérielle si incontestable, qu'on vient de le réglementer en France législativement. Dans le 4e commandement nous verrions formellement établie la famille qui est la base fondamentale de la société. En examinant le 5e, nous établirions que le fait de proscrire l'homicide, même comme vengeance en quelque sorte légitime d'un meurtre, conduit à la constitution des tribunaux devant lesquels l'offensé, privé heureusement du droit de se faire justice lui-même, doit porter sa plainte. Innovation heureuse entre toutes et que tous les peuples civilisés ont adoptée. Le 6e et le 9e commandement nous apparaîtraient incomparablement sages au point de vue matériel pour peu que nous examinions les conséquences funestes que la luxure amène dans nos organismes, dans nos relations sociales où la débauche, suivant le mot de

Bourget, ne saurait être considérée que comme « un égoïste et dégradant abus d'autrui » ; dans nos vies familiales qu'elle désagrège ; et, au contraire, l'incomparable valeur sociale de la pureté, de « la chasteté qui se capitalise en énergie créatrice » (Tarde), et qui est la pierre fondamentale de toutes les œuvres vraiment belles et la source de tous les dévouements. Le 7ᵉ et le 10ᵉ commandement nous montreraient la nécessité de respecter le bien d'autrui, ce que tous les codes humains proclament. Le 8ᵉ, en proscrivant le mensonge et le faux témoignage, a des répercussions dans la vie sociale tellement évidentes et tellement heureuses, qu'il est inutile d'y insister.

Vous voyez, il y aurait là, dans l'étude des applications matérielles et sociales du Décalogue, un ample sujet de causeries qui seraient loin de manquer d'intérêt.

Cependant pour vous, ouvriers ou apprentis, qui gagnez ou êtes appelés à gagner votre vie en travaillant de vos mains, un sujet semble plus captivant et plus intéressant encore. Est-il vrai, comme l'affirment nos adversaires, que l'Eglise, absorbée par sa mission de préparer les âmes au bonheur de la vie future, ne se soit jamais occupée du travail manuel et des conditions dans lesquelles il s'exécutait ? Est-il vrai qu'elle s'en soit désintéressée à sa naissance ? dans le cours de son histoire ? qu'elle s'en désintéresse à l'heure actuelle ? Bien au contraire ne serait-ce pas chez elle, dans sa doctrine sociale si peu connue et si calomniée, qu'il faudrait chercher les remèdes à une crise dont la cause principale est peut-être l'oubli de ses enseignements ?

Voilà les questions de tout premier intérêt pour vous, il me semble, qu'ensemble nous allons examiner dans les causeries qui vont suivre, et j'espère qu'après avoir bien étudié la question de l'influence de l'Eglise sur le travail manuel dans le cours de son histoire et à l'heure présente, vous serez convaincus de la vérité de cette parole de Léon XIII (Encyclique *Immortale Dei*), qui résume admirablement tout ce que nous voulons établir : « Œuvre immortelle du Dieu de miséricorde, l'Eglise dont la mission première et essentielle consiste à sauver les âmes est, par elle-même, dans la sphère des intérêts purement terrestres, la source d'où jaillissent spontanément de si nombreux et si précieux avantages qu'elle n'en *pourrait produire de plus considérables alors même qu'elle aurait été principalement fondée en vue de favoriser le bonheur de la vie présente.* »

Vous saisissez bien ce que dit Léon XIII. Si l'Eglise, au lieu de s'occuper principalement du salut des âmes, n'avait été instituée que pour donner aux hommes la plus grande somme possible de bonheur ici-bas, les règles qu'elle leur aurait tracées pour ce but humain et terrestre n'auraient pas été autres que celles du Décalogue complété par l'Evangile.

Dans les causeries qui vont suivre, nous n'aurons pas d'autre but que de démontrer la vérité de cette affirmation.

I. — L'ouvrier avant Jésus-Christ : l'esclave [1].

1º Situation de l'esclave.

Au moment de la naissance du Christ, l'ouvrier, l'artisan tels que nous les voyons aujourd'hui n'existaient pas. Outre les hommes libres qui ne pouvaient pas travailler — (nous verrons pourquoi tout à l'heure) — il n'y avait que des *maîtres* et des *esclaves*.

Qu'était-ce donc qu'un esclave au moment de la venue du Christ, non pas, remarquez-le bien, dans une tribu sauvage et grossière, comme celles qui peuvent exister encore dans les territoires inexplorés du centre africain,

---

(1) Nous ne saurions trop recommander la lecture de l'admirable ouvrage de Paul Allard « *Les Esclaves chrétiens* », dont cette causerie n'est qu'un pâle résumé.

mais dans la société la plus lettrée, la plus brillante, la plus civilisée, la plus raffinée qui fût peut-être jamais : la Rome impériale du siècle d'Auguste ?

L'esclave était un *animal de travail* que l'on achetait, suivant sa force et son âge, de 450 à 500 francs l'homme, 150 à 200 francs la femme.

Entre l'esclave et un bœuf ou un cheval, l'assimilation est complète. Une loi romaine, la loi *Aquilia*, condamne à une même réparation celui qui a tué un esclave ou une bête de somme. « *Un esclave ou quelque autre animal* », dit un jurisconsulte. Et Varron, parlant des instruments aratoires, des bestiaux et des esclaves, les dénomme « *mobilier muet, mobilier demi-parlant, mobilier parlant* ».

Quand nous achetons un cheval, nous n'avons qu'une pensée : qu'il nous rapporte le plus possible en nous coûtant le moins possible, jusqu'au moment où, le voyant vieillir, nous jugerons avantageux de le vendre. Ainsi en était-il autrefois des esclaves. Il fallait leur faire rendre le plus possible de travail, en les vêtissant, les nourrissant et les logeant de la manière la plus économique.

On arrivait donc à leur demander un travail au-dessus de leurs forces en leur donnant tout juste ce qu'il fallait pour qu'ils ne meurent pas de faim et de froid. Un esclave, dans une maison bien ordonnée, ne devait pas pour tout entretien coûter plus de 150 francs par an.

Jamais ils ne mangent de viande, parfois ils couchent dans des cavernes ; et quant au travail qu'ils fournissent, écoutez cette citation d'Apulée : « *Dieux ! quels pauvres petits hommes ! La peau livide, toute mouchetée de coups de fouet ; de misérables haillons couvrent leur dos meurtri ; quelques-uns pour tout vêtement portent un tablier autour des reins, tous n'ont que des lambeaux de tuniques qui laissent voir leur nudité. Marqués au front, la tête rasée, les pieds serrés par un anneau, le corps déformé par le feu, les paupières rougies par la fumée brûlante et les ténèbres enflammées, les yeux presque privés de lumière, saupoudrés comme des athlètes d'une sale et blafarde poussière de farine. »*

Quelque très juste commisération que l'on ait à l'heure actuelle pour les ouvriers boulangers, quelle différence néanmoins entre leur sort et celui de leurs prédécesseurs d'il y a deux mille ans !

Sans doute, tous les esclaves n'avaient pas un métier aussi pénible : les esclaves, notamment attachés à la personne des maîtres, avaient une existence incomparablement plus douce. Mais une partie très considérable, l'immense majorité, ceux surtout qui étaient condamnés à tourner la meule, à pétrir la farine, à extraire des pierres ou à travailler la terre, jusqu'à la mort, sans jamais de repos, subissaient un martyre auprès duquel les plus durs labeurs d'aujourd'hui ne sont que des amusements d'enfant.

Enfin, quand on sentait qu'après avoir bien abusé de ses forces, l'esclave allait perdre de sa valeur, on le vendait. Le sage Caton le recommande en ces termes : *« Vendez les vieux bœufs, les veaux et les agneaux sevrés, la laine, les peaux, les vieilles voitures, les vieilles ferrailles, le vieil esclave, l'esclave malade. »*

Bien naturellement de tout ce travail, l'esclave ne retire aucun profit. Son maître l'emploie où il veut, comme il veut, et toujours à son entier et unique bénéfice. Et pour aiguillonner une énergie que l'appât du gain n'excite pas, il y a, vous l'avez vu dans la citation de tout à l'heure, des moyens d'un tout autre ordre : *« Le cuir des bœufs morts qui déchire la peau des hommes vivants. »*

L'esclave n'est pas un homme, il n'a pas le signe de la personnalité humaine : *le nom.* Il ne porte pas le nom de son père, qu'il ne connaît presque jamais, mais un surnom dont l'affuble son maître ; c'est tantôt un nom de pays : le « Macédonien, le Syrien », tantôt un nom mythologique : « Eros, Diomède », tantôt simplement un nom d'animal : « ours, renard ».

L'esclave n'a pas le droit de se marier et de fonder un foyer. « *Est-on père quand on est esclave?* » dit un personnage d'une comédie de Plaute. Jamais, dans la législation romaine, le mariage de l'esclave n'a été reconnu. Si deux esclaves s'unissent, rien n'empêche le maître de les séparer. S'ils ont des enfants, ces enfants sont la propriété du maître qui en dispose à son gré. Certains maîtres défendent à leurs femmes esclaves d'avoir des enfants ; d'autres, au contraire, pour accroître le nombre de leurs esclaves, promettent la liberté à l'esclave femme qui a eu trois enfants abandonnés par elle, bien entendu, en toute propriété au maître. Une femme esclave n'a jamais le droit d'être épouse, elle ne peut être mère qu'avec la permission de son maître.

L'esclave n'a aucun recours contre la tyrannie de son maître. Il est son bien, il est sa chose ; le maître peut l'employer comme il l'entend, lui faire exécuter le travail qu'il désire, il peut le blesser, le vendre, le tuer : nul n'aura rien à dire, c'est son droit strict.

Un riche Romain nourrit ses poissons avec ses vieux esclaves, parce qu'il leur trouve, grâce à ce procédé, un goût plus savoureux. — Sénèque nous parle d'une maîtresse qui, un jour de colère, « *se radoucit et se contente de la mort de deux ou trois esclaves* ». Qu'était-ce donc les jours où elle ne se radoucissait pas ? — Un proconsul d'Asie, Valérius Messala, fait un jour abattre sans motif, pour se distraire, trois cents de ses esclaves à coups de hache et se promène au milieu des cadavres en s'écriant : « *O le royal carnage!* »

L'esclave n'a donc pas la propriété de son travail. Il n'a pas la propriété de sa vie, il n'a même pas — quelque honteuse que soit cette ignominie, il faut la dire — le droit d'avoir de la pudeur. Cela aussi appartient à son maître, et je n'ai pas besoin d'insister sur cette suprême turpitude de l'esclavage et cette suprême dégradation de ceux qui étaient assujettis. Dans une de ses comédies, Plaute met en scène deux jeunes esclaves ; et la plainte de ces âmes souillées malgré elles résonne douloureusement dans leur dialogue :

« *Mon erreur, ma folie me font cruellement souffrir. Je désire qu'il me soit possible d'aimer perpétuellement un seul homme et de lui consacrer ma vie.* »

Ecoutez la réponse :

« *Cela, c'est le privilège des femmes libres.* »

En résumé, l'esclave ne peut être ni père ni mère, ni fils ni fille, ni époux ni épouse. Il travaille sans cesse et sous les coups de fouet, au seul gré du caprice de son maître ; d'autant plus maltraité qu'il est plus vieux et par conséquent peut fournir moins de travail, et cela jusqu'à la mort sans repos et sans espoir. Beaucoup en deviennent fous, d'autres se suicident, suivant en cela les conseils de Sénèque, le seul philosophe de l'antiquité païenne qui se soit intéressé à eux et en ait parlé avec sympathie. Le suicide ! voilà tout ce que la philosophie antique avait trouvé comme remède à l'esclavage, considéré jusqu'au triomphe du christianisme comme une nécessité sociale.

Avant de voir les conséquences économiques de l'esclavage, réfléchissons une fois encore à l'abîme qui sépare l'esclave le plus heureux d'autrefois de l'ouvrier le plus malheureux d'aujourd'hui. Grâce à l'Eglise, nous le verrons la prochaine fois, cet ouvrier d'aujourd'hui peut travailler où il veut, comme il veut ; il a le droit d'être époux, d'être père et d'avoir des enfants à lui. Quelle différence avec l'esclave de l'antiquité !...

2º Conséquences économiques de l'esclavage.

Le nombre des esclaves possédés par la classe riche était énorme. Le moindre affranchi en possédait quatre ou cinq : les grands de Rome arrivaient à en posséder un nombre considérable. Sous Auguste, un simple affranchi, bien qu'ayant perdu une partie considérable de sa fortune, laisse en mourant 4.116 esclaves. A la fin de la République, un des plus opulents citoyens de Rome, Marcus Crassus, avait coutume de dire : « On ne mérite vraiment le nom de riche que si on est en état d'entretenir à ses frais une armée. » On peut, semble-t-il, évaluer sans crainte à 2.000 le nombre moyen des esclaves possédés par les riches citoyens de Rome au moment de la naissance du Christ. — Qu'en résultait-il ?

Le riche qui possédait des esclaves tisseurs, des esclaves teinturiers, des esclaves tailleurs, des esclaves cordonniers, des esclaves cultivateurs, des esclaves boulangers, etc..., n'avait besoin de rien acheter, ni pour sa nourriture, ni pour son vêtement, ni pour son logement construit par ses esclaves maçons et charpentiers sous la direction de ses esclaves architectes. Donc le riche n'achetait rien dans le commerce.

Non seulement il n'achetait rien, mais comme ses 2.000 esclaves produisaient bien au delà des besoins de sa famille, il vendait ce dont il n'avait pas besoin. Une maison romaine était donc une vaste usine qui inondait le monde de ses produits marchands.

Non seulement il n'achetait rien et vendait ses produits, mais il louait les services de ses esclaves à ceux qui en avaient momentanément besoin. Un petit bourgeois de Rome voulait-il donner un dîner à ses amis ? il louait à un riche son esclave cuisinier et son maître d'hôtel. Tombait-il malade ? il demandait l'esclave médecin d'un patricien. Voulait-il s'amuser une soirée ? il louait à quelque grand personnage ses esclaves pantomimes et sa troupe de théâtre. Un jour, un officier municipal de Rome donne une fête, dans laquelle il veut habiller une centaine de figurants ; il s'adresse au plus riche citoyen de Rome, Lucullus, qui lui donne immédiatement 5.000 manteaux. Lucullus les avait donnés, d'autres les louaient. Parmi les plus riches citoyens de Rome, il y en avait qui louaient ainsi leurs esclaves comédiens, leurs esclaves médecins, leurs esclaves comptables. Marcus Crassus a une troupe de 500 architectes et maçons esclaves qui construisent à un moment donné presque toutes les maisons de Rome.

Dans un pareil état de choses, que pouvaient faire les prolétaires romains non esclaves qui n'avaient que leurs bras et n'étaient pas assez riches pour se payer, eux aussi, des esclaves ?... Ces prolétaires, au nombre de 300.000 à 400.000 à Rome, n'avaient à choisir qu'entre deux solutions : ou bien s'embáucher chez un riche pour travailler comme des esclaves, pour un salaire d'esclave et avec la crainte d'être un jour considérés comme esclaves ; ou bien ne rien faire du tout, solution presque universellement admise, qui manquait certes de dignité, mais qui était en quelque sorte imposée par les circonstances.

Mais ces prolétaires, il faut bien qu'ils vivent : l'Etat les nourrit gratuitement et, pour les distraire, les amuse par les jeux du cirque et les combats des gladiateurs. Il leur donne « *Panem et Circenses* », du pain et des jeux. L'an 5 de Jésus-Christ, il y avait, rien que dans Rome, 320.000 personnes nourries ainsi et amusées aux frais de l'Etat.

En résumé, la conséquence économique de l'esclavage était de partager la société en trois éléments : « Un peuple de riches qui faisait travailler, un peuple d'esclaves qui travaillait pour les riches sans aucun profit personnel, et un peuple de mendiants qui ne pouvait pas travailler. »

Le petit commerce n'existait donc pas, et à l'inverse de ce qui se passe actuellement où les grosses fortunes font marcher le commerce local, les grosses fortunes produisaient alors dans des proportions et à des prix tels qu'elles accaparaient tout le marché.

Le travail libre n'existait pas, où presque pas ; et non seulement, remarquons-le, non seulement le travail libre manuel, mais le travail, parfois tout intellectuel, de ce que nous appelons les carrières libérales : l'esclave médecin et l'esclave pédagogue rendaient toute concurrence impossible au médecin et au professeur tels que nous les concevons aujourd'hui.

3º Mépris du travail.

L'esclave seul travaillait. Le travail était donc une manifestation d'esclavage, indigne d'un homme libre : le travail était donc tombé dans le plus absolu mépris.

« *La constitution parfaite*, avait écrit Aristote, *n'admettra jamais l'artisan parmi les citoyens.* » Et Cicéron de reprendre cette thèse : « *Jamais rien de noble ne pourra sortir d'une boutique ou d'un atelier. Le commerce de détail est honteux. Le travail des artisans est ignoble. Rien de libre ne peut tenir boutique.* » — « *Nous admirons une belle tunique de pourpre*, écrit Plutarque, *mais nous considérons le teinturier comme un vil artisan.* »

Et ce mépris du travail ne s'arrête pas au travailleur strictement manuel, mais englobe même l'artiste dont les œuvres soulèvent les admirations des siècles. « *Il n'y a pas un homme bien né*, dit Plutarque, *qui, pour avoir vu le Jupiter de Pise ou la Junon d'Argos, se soit pris du désir d'être Phidias ou Polyclète.* » Et Lucien, dans le même ordre d'idées, écrit : « *Si tu te fais sculpteur, tu ne seras qu'un manœuvre. Quand tu serais un Phidias, un Polyclète, quand tu ferais mille chefs-d'œuvre, c'est ton œuvre que chacun louera. Mais parmi ceux qui te verront, il n'en est pas un seul, s'il a le sens commun, qui désire te ressembler, car quelque habile que tu sois, tu passeras toujours pour un artisan, un vil ouvrier, un homme qui vit du travail de ses mains.* »

La liberté et la dignité du travail étaient donc bien mortes : rien, semblait-il, ne pouvait les ressusciter.

Mais un jour vint où, dans une humble bourgade de Galilée, on vit un pauvre charpentier du nom de Joseph, aidé de son fils Jésus, qui, tranquille et heureux, gagnait sa vie en travaillant de ses mains. Cela ne paraissait rien, et cela devait bouleverser le monde. Car cet adolescent qui, laborieux et soumis, travaillait à l'atelier paternel, n'était pas un homme, c'était un Dieu. La liberté et la dignité du travail étaient mortes : le Verbe, Fils unique du Père, s'était fait homme pour les ressusciter.

Nous verrons la prochaine fois comment l'Eglise réussit à mener à bien cette tâche surhumaine. Contentons-nous aujourd'hui de songer aux sentiments de stupeur, d'enthousiasme, de reconnaissance et d'amour, qu'éprouvèrent les esclaves en écoutant les premières prédications du Christ et de ses successeurs. Méprisés, battus, brutalisés, sans droits, vrais « *animaux à voix humaine* », ils languissaient dans la désolation et le désespoir. Et voilà qu'un prophète, un thaumaturge était venu disant : « Bienheureux ceux qui pleurent, bienheureux les humbles et les petits, parce que c'est à eux surtout qu'est réservé le royaume des cieux. » Et cet homme extraordinaire avait travaillé comme un esclave, était mort d'un supplice d'esclave, et sa mort, comme sa vie, avait été accompagnée de tels prodiges qu'on ne pouvait douter de sa divinité. Il y avait dès lors quelque chose de changé par le monde. Dans le cœur des esclaves venait, pour la première fois, de pénétrer un rayon d'espoir. A une vie de souffrances sans issue succédait pour eux la vision d'une épreuve récompensée par une félicité éternelle. A l'horizon borné de leurs douleurs sans espérance, venait de luire enfin la divine clarté des promesses de l'au delà.

II. — Le problème de l'esclavage antique.

La solution violente et l'attitude de l'Eglise.

Nous avons, la dernière fois, établi les trois points suivants :

1° *L'esclave, avant la venue du Christ, était un animal, une bête de somme, sur lequel le maître avait tous les droits sans en excepter aucun ;*

*2° La production à bas prix du travail de l'esclave rendait
toute concurrence impossible au travail de l'homme libre : le
petit commerce, la petite industrie ne pouvaient donc pas
exister ;*

*3° Le travail n'étant pratiqué ni par les riches, ni par les
pauvres libres, était l'apanage exclusif de l'esclave, le signe
caractérisque de l'esclavage, et, par suite, était, comme l'esclave, universellement méprisé.*

Le Christ paraît sur la terre. Il prêche, et la bonne nouvelle se répand par le monde. Adressée à tous, elle l'est
plus particulièrement aux esclaves auxquels l'Eglise dès le
premier jour témoigne une sollicitude maternelle : 1° parce
qu'ils souffrent ; 2° parce que seuls ils obéissent au grand
précepte du travail imposé par Dieu à Adam et à ses des-
cendants : « Tu mangeras ton pain à la sueur de ton front. »
A l'exemple de leur Maître qui, parmi les preuves de sa
divinité, avait, plus que sur toute autre, insisté sur l'évan-
gélisation des pauvres, les apôtres vont irrésistiblement
vers ces parias de l'humanité et leur parlent du Christ
mort par amour pour tous les hommes, les esclaves comme
les hommes libres.

Méprisés de tous, maltraités, brutalisés jusqu'alors, les
esclaves se trouvent avec ravissement aimés comme des
frères par les prédicateurs de la doctrine nouvelle. Tout
naturellement ils acceptent celle-ci en grand nombre, et
forment la presque totalité des premiers convertis en cette
Rome destinée dans les desseins de Dieu à devenir la
capitale du monde chrétien.

Là ne s'arrêtait pas l'ambition de l'Eglise naissante : il
ne s'agissait pas tant pour elle de grouper les esclaves que
de les *réhabiliter*. Et comment atteindre ce but ? — En
les réhabilitant *dans leur personne* et *dans leur travail*.

Dès le premier jour l'Eglise proclame hardiment que
tous les hommes, sans exception aucune, sont sur le pied
d'une égalité absolue *devant Dieu*. « Il n'y a plus de différence entre le juif et le Grec, l'homme libre et l'esclave ;

l'homme et la femme ; vous êtes tous un dans le Christ Jésus », écrit saint Paul aux Galates (III, 28).

Mais, mal interprétées, cette phrase et beaucoup d'autres du même genre, pouvaient avoir comme conséquence de déchaîner une épouvantable révolution. Si cette *égalité devant Dieu*, les esclaves avaient résolu de la pousser *jusqu'à l'égalité sociale* ; si, voyant l'injustifiable façon dont il étaient traités par leurs maîtres ils avaient, dans leur groupement, puisé la force nécessaire pour s'insurger avec violence contre l'ordre de choses établi, la naissance du christianisme eût été signalée par une des secousses les plus sanglantes qui aient secoué l'humanité.

Certes, si l'Eglise naissante avait voulu profiter de son ascendant sur les esclaves pour s'emparer du pouvoir, rien ne lui eût été plus facile. Les esclaves, accablés de traitements inhumains, nourrissaient contre leurs maîtres une haine bien compréhensible. « Les maîtres, dit Cicéron, « dans le plus beau traité de morale que Rome païenne « nous ait laissé (*De Officiis*), ont le droit d'être cruels « envers leurs esclaves s'ils ne peuvent les maintenir autre- « ment. » Cette maxime avait passé dans la législation. « Pour contraindre les esclaves à veiller sur le salut de « leurs maîtres, une loi atroce mais nécessaire les y obli- « geait au péril de leur vie. « S'il n'y allait pas de la tête « des esclaves, dit le sénatus-consulte Silanien, aucune « maison ne pourrait être à l'abri des embûches du dedans « et du dehors. » Tous les esclaves d'un maître assassiné « devaient être punis du dernier supplice s'ils ne pouvaient « prouver qu'ils l'avaient défendu, qu'ils étaient allés jusqu'à « exposer leur vie pour lui. C'était le dévouement sous « peine de mort... Une des applications du sénatus-consulte « Silanien est demeurée célèbre. On vit, l'an 61 de notre « ère, les quatre cents esclaves urbains du préfet de Rome « Pedanius Secundus, conduits à la mort parce qu'un « d'entre eux l'avait assassiné. Et dans la curieuse discus- « sion qui s'éleva à cette occasion au Sénat, on proclama « que, sans de telles sévérités, un maître ne pourrait pas

« dormir en paix dans sa maison. » (ALLARD : *Esclaves chrétiens*.)

Que, dans ces conditions, les esclaves aient saisi toutes les occasions propices pour assouvir leur haine, rien de plus compréhensible. Eunus, en Sicile, souleva 200.000 de ses compagnons d'infortune et engagea contre Rome une lutte de deux ans. Spartacus, plus tard, fit de même, et à la tête de 70.000 esclaves tint pendant deux ans toutes les forces romaines en échec. A chaque instant Rome tremblait de voir recommencer un mouvement analogue. Toutes les mesures prises pour en empêcher le retour étaient déclarées nécessaires au salut de la société, à tel point qu'en 54 une dame romaine fut accusée « parce qu'en ne maintenant « pas sous un joug assez ferme les armées d'esclaves qu'elle « possédait dans les Calabres, elle mettait en péril la sûreté « de l'Etat. »

Si, en plus de ce désir de vengeance, l'Eglise avait mis au cœur des esclaves l'espoir de gagner en combattant les félicités éternelles, elle aurait eu à son service une armée à laquelle rien n'aurait pu résister.

Voilà ce que pouvait faire l'Eglise ; elle ne l'a pas fait. Pourquoi ?

1° Parce que l'Evangile est avant tout et par-dessus tout une doctrine d'amour. Le Christ s'est plu à le dire et à le redire, toute sa prédication se résume dans ce seul précepte : « Aimez-vous les uns les autres. » Et la première application de cette doctrine eût été une explosion de haine, un assouvissement de vengeances atroces et de rancunes exaspérées ! Mais alors qu'aurait-on dit de l'Evangile qui proclamait lui-même qu'on reconnaît l'arbre à ses fruits ? Un semblable résultat eût-il été de nature à prouver la divinité de son Fondateur ? Contraire à ses maximes les plus chères et les plus formelles, cette manière d'agir eût été en même temps contraire à son vrai développement ; elle n'eût assuré à l'Eglise, en la discréditant, qu'un pouvoir passager ; car rien de durable ne se fonde sur la violence et sur la haine ;

2° Parce que l'Eglise qui, par le fait de l'assistance divine, est une diplomate avisée, sait qu'aucune amélioration sociale ne se fait bien par voie de révolution.

Et cela se conçoit. Les exemples de la vie ordinaire nous le démontrent tous les jours. Une difficulté nous arrête : si nous cherchons à la surmonter avec calme et avec patience, nous arrivons à une solution satisfaisante. Au contraire, si devant l'obstacle nous nous emportons, nous nous mettons en colère, à quel résultat arrivons-nous ? Multiplions ce petit exemple de la vie journalière par le rapport de notre individualité à une collectivité comme une profession, une cité, une province, un pays, et nous aurons la mesure de la différence qui sépare les améliorations méthodiques de l'aveugle et inintelligente violence des révolutions. Le propre des révolutions d'un peuple, comme des accès de colère d'un individu, c'est de dépasser la mesure juste et sage, à tel point parfois qu'on se trouve ensuite, dans le sens contraire, plus loin du but à atteindre qu'on ne l'était auparavant. « Rien de ce qui se fait bien ne se fait vite », a dit Joseph de Maistre. Plus encore pour les sociétés que pour les individus, il faut procéder par étapes et se souvenir que les siècles doivent être considérés comme des jours quand il s'agit des progrès de l'humanité ;

3° Parce que l'Eglise, fidèle aux maximes tirées du Décalogue, proclame dès son premier jour la nécessité du respect de la propriété. « Tu ne déroberas pas », avait dit le Seigneur à Moïse sur le Sinaï. Or, l'esclave est en un sens la propriété de son maître, propriété qui paraît immorale à notre mentalité contemporaine, mais qui, au temps de la naissance du Christ, paraissait tout aussi légitime, tout aussi normale et nécessaire que celle d'une ferme, d'une usine, ou d'une valeur industrielle de nos jours. Or, rien de plus dangereux que de procéder en cette matière de la propriété, comme en beaucoup d'autres, par voie d'exception. Suivant les circonstances et les opinions du moment l'exception s'élargit vite, et la brèche s'étend jusqu'à ce que rien ne subsiste plus. « Toutes les propriétés se touchent, dira plus tard Cazalès à l'Assemblée constituante, et quand on en a volé une, on est prêt à les voler toutes. » De même quand on a proclamé l'illégitimité de l'une, on est bien près de proclamer l'illégitimité de toutes. Or, l'Eglise avec raison a toujours considéré comme une base nécessaire à la société la propriété grevée des charges que nous étudierons plus tard. Proclamer l'illégitimité absolue de la propriété de l'esclave à une époque encore une fois où cette possession était codifiée par des textes législatifs, universellement reconnue et passée dans les mœurs, n'était-ce pas courir le risque de voir dénoncer comme illégitime le principe même de toute propriété ?

Et voilà trois des principales raisons pour lesquelles l'Eglise n'a pas voulu prendre le pouvoir par une révolution d'esclaves.

Que va-t-elle faire alors ? Quels moyens va-t-elle mettre en œuvre pour arriver à son but ? Ecoutons un écrivain, peu suspect de catholicisme, Ernest Renan : « En rendant l'esclave capable de vertu, héroïque dans le martyre, égal de son maître et peut-être son supérieur au point de vue du royaume de Dieu, la foi nouvelle *rendait l'esclavage impossible. Donner une valeur morale à l'esclave, c'est supprimer l'esclavage...* L'antiquité n'avait conservé l'esclavage qu'en excluant l'esclave des cultes patriotiques. *S'ils avaient sacrifié avec leurs maîtres, ils se seraient relevés moralement.* »

Comment l'Eglise a-t-elle *rendu l'esclavage impossible*, par le relèvement moral de l'esclave et sa participation non seulement au culte mais aux fonctions sacrées, ce sera le sujet de notre prochain entretien.

III. — L'esclavage antique : la solution de l'Eglise.

A. — Réhabilitation de la personne de l'esclave.

L'Eglise n'a donc pas voulu proclamer imprudemment le principe de la suppression de l'esclavage, mais elle a manœuvré de manière *à rendre l'esclavage impossible* et cela : 1º en donnant à l'esclave une valeur morale, en lui donnant conscience qu'il est un homme ; 2º en lui donnant libre accès non seulement au culte, mais encore, chose tout à fait inouïe pour l'antiquité, à toutes les dignités ecclésiastiques.

1º Relèvement moral de l'esclave.

Puisque la notion de l'esclavage était intimement liée à la notion du travail, la réhabilitation de la notion du travail devait nécessairement entraîner la réhabilitation de l'esclave. Et c'est pourquoi le premier effort de l'Eglise tend à substituer dans l'esprit de l'esclave à la notion du travail antique imposé par la violence et sous la contrainte du fouet, la notion du travail chrétien, épreuve imposée par Dieu et librement acceptée. L'Eglise montre à l'esclave cette loi du travail donnée par Dieu à l'origine du monde. Elle lui dit que sa situation sociale et toutes les conséquences qu'elle entraîne sont des épreuves voulues de Dieu, et qui, chrétiennement supportées, lui vaudront une éternelle moisson de bonheur et de gloire ; elle l'amène en un mot à lui faire non seulement *accepter* mais *aimer* ce travail que, quelques années auparavant, il ne faisait que par contrainte et la haine au cœur ; à lui faire non seulement accepter, mais aimer la souffrance.

Et pour arriver à ce résultat elle lui montre le modèle, le Maître, le Christ. Lui qui était Dieu pourtant, Lui aussi Il a travaillé, Il a souffert, et quoique le plus innocent des hommes, Il est mort de la mort la plus cruelle et la plus ignominieuse en priant pour ses bourreaux, « obéissant jusqu'à la mort et jusqu'à la mort de la croix ». (*S. Paul.*) Il a dit : « Que celui qui m'aime prenne sa croix et me suive ! » Les esclaves chrétiens sont donc les disciples privilégiés du maître, puisqu'ils le suivent en portant leur croix. Donc pas de révolte contre les ordres des maîtres en tant qu'ils ne sont pas contraires à la loi de Dieu ; il faut, au contraire, assurer leur exécution avec soumission, avec joie, pour l'amour de Dieu, en répétant la parole du *Pater :* « *Fiat voluntas tua !* que votre volonté soi faite ! » ; même si l'ordre est dur, le travail pénible, n'en concevoir aucune rancune : « Pardonnez-nous nos offenses comme nous pardonnons à ceux qui nous ont offensés. »

Voilà le premier des enseignements de l'Eglise : le Christ est le maître, le grand modèle, imitez-le ! « Esclaves, écrit saint Paul, obéissez en tout à ceux qui sont vos maîtres selon la chair ; ne les servant pas seulement quand ils ont l'œil sur vous comme si vous ne pensiez qu'à plaire aux hommes, mais avec simplicité de cœur et crainte de Dieu. Tout ce que vous faites, faites-le de bon cœur, comme le faisant pour le Seigneur et non pour les hommes. » (*Coloss.*, III, 22.)

Considérant son travail non plus comme l'exploitation injuste de sa personne par autrui, mais comme une épreuve librement acceptée, l'esclave manifestement se trouvait relevé à ses propres yeux. Bien plus ce travail accompli de bon cœur, tout naturellement il le faisait mieux. Cela bien souvent n'échappait pas à l'œil clairvoyant du maître qui lui en demandait la raison, et se trouvait, par les explications de son esclave, amené parfois, lui aussi, à la religion du Christ. En fait, dans les premiers temps du christianisme à Rome, la grande majorité des conversions des maîtres fut le fait de la prédication de leurs esclaves. Des esclaves convertissant leurs maîtres ! quelle chose inconcevable pour la philosophie antique ! quel relèvement moral pour l'esclave !

Jadis, nous l'avons vu, un esclave n'avait jamais l'idée

de résister à un ordre de son maître, de quelque nature
qu'il fût. Tout son être, corps et âme, appartenait à ce
dernier en toute propriété. Il pouvait en user et en abuser
à son gré. Les choses changent avec le christianisme. Il y a
des choses qui sont défendues par la loi de Dieu, et autant
il faut se montrer empressé et déférent pour les ordres qui
ne sont pas contraires aux prescriptions de l'Evangile,
autant il faut obstinément refuser obéissance à ceux qui
entraîneraient une infraction aux obligations chrétiennes.
On voit alors, chose inouïe jusqu'alors, des esclaves qui,
sans se révolter, répondent : « Non, cela nous ne le pou-
vons pas. » Il y a des esclaves martyrs de la foi pour
n'avoir pas sacrifié aux idoles ; il y a des esclaves martyrs de
la pudeur et de la chasteté. L'esclave, depuis l'Evangile, a
donc non seulement le droit mais le devoir d'apprécier les
ordres de son maître au point de vue de leur conformité
avec la loi de Dieu. Ce n'est donc plus une machine, c'est
un être intelligent, c'est un homme.

Jadis, nous l'avons vu, l'esclave n'avait pas de famille.
La loi romaine ne lui accordait aucun droit sur ce point
comme sur tous les autres. Il ne pouvait être père, fils et
époux que dans la mesure autorisée par son maître.
L'Eglise change tout cela. Le mariage, avec elle, est devenu
un sacrement. Ce n'est plus un contrat de plus ou moins
longue durée, révocable par un jugement de divorce, c'est
un contrat indissoluble. Or, saint Paul l'a dit, il n'y a pas
devant Dieu de différence entre l'esclave et l'homme libre.
L'esclave a donc droit de contracter mariage et mariage
indissoluble. Son maître pourra le séparer de son épouse et
de ses enfants. Il sait qu'il a une famille, et il cherche par
tous les moyens possibles à se rapprocher des siens arrachés
à son affection. Il se sent époux, père, fils ; quel relèvement
moral à ses yeux et aux yeux des maîtres chrétiens !

Parallèlement à ce mouvement de relèvement moral de
l'esclave, auquel elle donne la notion de sa responsabilité
personnelle et la connaissance de ses droits, l'Eglise exerce
une action énergique sur les maîtres pour leur enseigner

leurs devoirs envers leurs esclaves. « Maîtres, dit saint Paul, rendez à vos serviteurs ce que l'équité et la justice demandent de vous, sachant que vous avez aussi bien qu'eux un maître dans le Ciel. » (*Coloss.*, iv, i.) — « Maîtres, dit-il encore, ayez de même *de l'affection* pour vos serviteurs sans user de menaces, sachant que vous avez les uns et les autres un maître commun qui ne fait pas acception de personne. » (*Ephes.*, vi, 9.) Voilà donc, chose inouïe pour l'antiquité, des *devoirs* imposés aux maîtres vis-à-vis de leurs esclaves : devoirs de bonté, de justice, de respect, d'affection. Quel merveilleux agent de réconciliation que cette religion nouvelle qui pousse l'un vers l'autre le maître et l'esclave en disant à l'un : « Sois bon et juste »; à l'autre : « Sois fidèle et obéissant. »

Mais cette bonté ne suffisait pas. L'Eglise invitait les maîtres convertis à renoncer de leur plein gré, comme aumône au Christ, à la possession de leurs esclaves et à rendre à ceux-ci la liberté. Et non seulement la liberté sans conditions, mais une liberté à l'abri du besoin. Et l'on voit souvent à partir de cette époque le maître converti affranchir ses esclaves chrétiens, conserver les autres pour les instruire dans la religion du Christ et donner à tous, quand ils ont été baptisés, de quoi subvenir aux nécessités de la vie. Plus l'Eglise prend de pouvoir, plus les affranchissements se multiplient, plus les esclaves sont traités doucement pour n'être plus bientôt que les serfs du moyen âge, c'est-à-dire des hommes libres de leur personne et de leur foyer, mais astreints à une résidence déterminée. L'esclavage et le servage sont donc deux conditions sociales qui sont séparées par un abîme et ne peuvent pas se comparer.

2° Participation des esclaves au culte.

« Il n'y a plus de différence entre l'homme libre et l'esclave », avait dit saint Paul. Cette égalité absolue est une règle rigoureusement observée à partir du premier jour de la religion nouvelle. Les esclaves participent tout comme leurs maîtres à la réception des sacrements, et assistent aux offices de la liturgie. Avec leurs maîtres ils s'assoient aux agapes fraternelles qui réunissaient jadis à une même table les premiers chrétiens.

Le seul cas où l'Eglise tient compte de la condition sociale de l'esclave, c'est quand il appartient à un maître chrétien. Elle demande alors à ce dernier si, à son avis, son serviteur est digne d'être admis au baptême. Sauf cet acte de déférence, rien dans la primitive Eglise n'a distingué sa manière d'agir envers les hommes libres et les esclaves.

Une fois admis au baptême l'esclave est, avec les autres chrétiens, sur un pied d'égalité absolue. Non seulement il participe aux mêmes cérémonies que son maître, mais encore, quand son maître n'est que catéchumène, il reste dans le temple alors que son maître sort au moment de la Consécration et de la Communion.

Non seulement le maître et l'esclave baptisés sont sur le même pied d'égalité, mais parfois l'esclave, hiérarchiquement, est supérieur à son maître. Il peut être prêtre, il peut être évêque. Néanmoins, dans ce cas, il ne peut plus être esclave en raison de la dignité du sacerdoce, et l'Eglise, si elle ne peut l'obtenir gratuitement du maître, achète sa libération.

Non seulement il peut être prêtre et évêque, mais bien plus encore, il peut être pape. Au début du IIIe siècle, à une époque où les plus hautes classes de la société se convertissaient au christianisme, c'était un ancien esclave, saint Calixte, marqué au front de la marque ignominieuse des condamnés aux mines, qui occupait le trône de saint Pierre. Le sacerdoce suprême lui-même n'était donc pas refusé à l'esclave.

Vivant il était aimé comme un frère ; martyr il était vénéré comme un saint. Le nombre des esclaves martyrs canonisés est énorme.

Et pendant sa vie, quand il reste simple fidèle, quels soins touchants pour l'instruire, pour lui faire bien comprendre la religion ! « L'Evangile est annoncé aux pauvres », avait dit le Christ. A l'exemple du Maître c'est surtout aux esclaves que s'adressent les harangues des orateurs chrétiens. « Je n'emploie ni mots recherchés, ni termes savants, mais j'accommode mon discours à l'intelligence de l'esclave et de la servante », écrivait un des plus grands orateurs des premiers siècles, saint Jean Chrysostome. Et les discours des premiers Pères de l'Eglise s'inspirent des mêmes principes et de la même simplicité.

Ainsi donc, égalité religieuse parfaite entre l'homme libre et l'esclave ; si parfois il y a quelque légère différence de traitement entre eux deux, c'est toujours en faveur de ce dernier ; même participation aux mêmes sacrements ; même possibilité d'accès à tous les grades de la hiérarchie ecclésiastique, jusques et y compris la papauté : voilà le grand agent de relèvement moral de l'esclave.

La transformation est si radicale et si complète que saint Ignace, dès le premier siècle, est obligé de dire : « Que l'esclave et la servante ne deviennent pas orgueilleux », et qu'au IVe siècle un concile menace d'anathème celui qui, sous prétexte de religion, apprendrait à un esclave à mépriser son maître. « Tel avait été le progrès, conclut M. de Champagny, que les esclaves avaient besoin de recevoir des leçons de modestie ! »

B. — Réhabilitation du travail manuel.

Pour réhabiliter le travail manuel, apanage exclusif, nous l'avons vu, des esclaves, et par suite, comme ces derniers, universellement méprisé, il ne suffisait pas à l'Eglise de recommander l'amour du travail à ses adeptes.

Parlant du Christ au début de la prédication de sa doctrine, l'Evangile dit : « *Cœpit facere et docere*, il commença à agir et à enseigner », montrant ainsi que de toutes les prédications la meilleure est encore celle de l'exemple. C'est ainsi que fit l'Eglise.

Et d'abord, elle proposa le parfait modèle, le divin ouvrier, le maître, le Christ travaillant jusqu'à 30 ans dans l'humble atelier de Nazareth. Elle montra ensuite l'exemple des apôtres, tous hommes dénués de ressources, et qui vivaient, tout en prêchant l'Evangile, du travail de leurs mains. Saint Paul le dit et le redit comme un titre de gloire, à plusieurs reprises dans ses épîtres. « Nous nous fatiguons à travailler de nos propres mains. » (*I Cor.*, IV, 12.) — « J'aimerais mieux mourir que de laisser quelqu'un m'enlever cette gloire (de subvenir à mes besoins). » (*I Cor.*, IX, 15.) — « En prêchant l'Evangile de Dieu, nous travaillions jour et nuit pour n'être à charge à aucun de vous. » (*I Thess.*, II, 9.) « Nous n'avons mangé gratuitement le pain de personne ; mais nous avons travaillé jour et nuit avec peine et fatigue pour n'être à charge à aucun de vous. » (*II Thess.*, III, 8). — Et pourtant saint Paul proclame que, comme ministre de Dieu, il aurait eu le droit de ne pas travailler de ses mains, car tout travail mérite salaire, et ceux qui annoncent l'Evangile ont droit de vivre de l'Eglise. (*I Cor.*, IX, 14.) Mais cela, il le fait pour donner l'exemple. (*II Thess.*, III, 9.)

Aussi ayant donné semblable exemple, avec quelle autorité il peut imposer le travail aux fidèles ! « Que celui qui dérobait ne dérobe plus, mais qu'il s'occupe en travaillant de ses mains à quelque ouvrage bon et utile pour avoir de quoi donner à ceux qui sont dans l'indigence. » (*Eph.*, IV, 28) ; et condamner le paresseux : « Si quelqu'un ne veut pas travailler, qu'il ne mange pas non plus. » (*II Thess.*, III, 10.)

Et, en effet, dans la primitive Eglise, on travaille de bon cœur, avec joie. Ce que la fuite de l'oisiveté, mère de tous les vices, engendra de vertus chrétiennes, vous le savez par les récits des vies de saints. Mais ce qui, au point de vue qui nous occupe, est peut-être plus intéressant encore, c'est le résultat *économique* de cette transformation. Nous avons vu que le petit ouvrier, autrefois, ne pouvait pas travailler, parce qu'écrasé par la concurrence des ateliers d'esclaves il n'eût pas trouvé de débouchés pour les produits qu'il aurait fabriqués. Le travail libre était

mort du manque de clientèle. Mais, maintenant, les ouvriers chrétiens l'avaient, cette clientèle ; c'étaient leurs
camarades convertis. Chaque église devint donc, non seulement un centre de prières, mais aussi une association de
producteurs et de consommateurs travaillant les uns avec
les autres et les uns pour les autres. C'était la résurrection
du travail libre, et en même temps un coup direct porté,
économiquement, à l'esclavage, car le travail de l'esclave,
devenant de moins en moins rémunérateur à mesure que
la clientèle chrétienne cessait de se servir de lui, les
maîtres avaient une tendance à diminuer le nombre de
leurs esclaves.

L'Eglise donc fut la grande restauratrice du travail libre :
1º pour être indépendante et pouvoir vivre par elle-même
sans le secours de personne ; 2º pour détourner les fidèles
de l'oisiveté : « Vivre de son travail, dit saint Jean Chrysostome, c'est une sorte de philosophie. Ceux qui vivent ainsi
ont l'âme plus pure, l'esprit plus fort » ; 3º pour ruiner l'esclavage en rendant de moins en moins productif son travail par suite de la diminution de sa clientèle.

Pour cette transformation merveilleuse de l'esclave en
artisan, aucun soin n'était épargné : c'est sur cette question
que se porte peut-être avec le plus de sollicitude l'attention
des pasteurs. Une simple preuve entre beaucoup d'autres,
l'obligation imposée à l'Eglise par les constitutions apostoliques de « donner du travail à l'artisan » et de « fournir à
l'enfant orphelin de quoi apprendre un métier, et, quand il
le saura, de quoi s'acheter des outils. » Si la communauté
chrétienne produit plus que ses besoins, le surplus sera
distribué à ceux qui ont faim et qui ont froid. (*Constitutions apostoliques.*)

Et tout le monde travaille de ses mains. Non seulement
le pauvre, l'esclave libéré, qui en ont besoin pour vivre,
mais aussi *et surtout*, pour l'exemple, le riche patricien converti. De grandes dames romaines, converties au christianisme, travaillent avec leurs servantes chrétiennes comme
dans de premières congrégations religieuses. Des patri-

ciens donnent leur fortune aux pauvres et viennent se
mêler à leurs esclaves de la veille pour partager leurs tra-
vaux. Saint Crépin et saint Crépinien, tous deux de noble
et riche famille, partent en messagers de la bonne nouvelle
dans les Gaules en vivant du métier de cordonniers, et
viennent s'établir à Soissons.

Et dès que la vie monastique se fonde, c'est encore le
grand exemple du travail manuel que les moines donnent
aux populations chrétiennes. Saint Antoine indique à ses
moines les trois choses dont il doivent être occupés : le travail manuel, la méditation et la prière. Saint Macaire
prescrit à ses disciples sept heures de travail manuel par
jour. Saint Benoît, le grand fondateur de la vie monastique en Occident, impose également sept heures de travail
manuel à ses moines, malgré les nombreux exercices de
piété dont ils doivent journellement s'acquitter. En Angle-
terre, saint David, au v⁰ siècle, fait défricher le sol par ses
moines sans le secours de bœufs. Riches et pauvres s'at-
tellent eux-mêmes à la charrue. Et saint Colomban, au commencement du vi⁰ siècle, avait coutume de dire « qu'il fallait
que le moine se mît au lit si fatigué qu'il dormît déjà en
y allant ; et qu'il se levât avant d'avoir assez dormi. » Vous
savez que dans certains milieux on a l'opinion très arrêtée
que les moines n'ont jamais été que des paresseux. Com-
bien, parmi ceux qui parlent ainsi, voudraient se mettre
au régime des moines de saint Colomban ?

Avec de tels exemples, le résultat poursuivi ne pouvait
pas ne pas être atteint. Réhabilité dans sa personne, l'esclave
était aussi réhabilité dans son travail : le travail libre était
ressuscité.

Conclusions.

Cette causerie a été fort longue, mes amis, et je ne m'en
excuse pas. Car ce sujet est un des plus importants parmi
ceux que j'aurai à traiter devant vous. Et cela pour deux
raisons : 1⁰ parce que nous avons vu la méthode suivie par

l'Eglise pour opérer avec succès une transformation sociale que la philosophie antique avait déclarée impossible ; 2° parce que cet exemple du passé peut nous servir à tirer d'utiles conclusions pour la solution des difficultés sociales du temps présent.

L'Eglise, vous l'avez vu, a répudié la violence qu'elle pouvait utiliser avec certitude de succès, elle a voulu procéder par étapes, progressivement mais sûrement ; la transformation a été si douce, qu'on ne saurait dire l'époque à laquelle elle a été terminée. « La date précise à laquelle s'accomplit en Europe cette grande révolution ne peut être indiquée. Elle se fit graduellement, presque insensiblement, plus rapide ici, ailleurs plus lente ; aucun effort violent, aucune lutte, aucun signe extérieur ne la signale : *on s'aperçut que l'esclavage était détruit quand on ne vit plus d'esclaves.* » (Paul Allard.) Et comment l'Eglise a-t-elle obtenu ce résultat merveilleux ? Par la loi d'amour imposée à tous, maîtres et serviteurs, libres et esclaves, et par le lent travail du *changement des esprits.* Elle sait, l'Eglise, qu'il ne suffit pas qu'un jour le parti le plus fort porte un décret, fasse une loi, pour qu'une amélioration, fût-elle la plus désirable et la plus juste, soit définitive. Elle sait qu'une décision, fût-elle émanée du pouvoir le plus solide, n'a de force que quand elle est l'expression de la conscience universelle et qu'elle obtient, suivant le mot de Montalembert, « ce consentement tacite de l'opinion qui est une condition indispensable de l'efficacité des lois ». L'Eglise a mis quatre siècles à former des mentalités favorables à l'abolition de l'esclavage, mais, grâce à cette lente préparation, elle a aboli ce dernier d'une telle manière qu'il ne sera plus rétabli jamais.

Et si elle a pu réaliser cette transformation merveilleuse sans heurt, sans révolution, d'une manière si parfaite qu'elle est une des preuves les plus irrécusables de sa divinité, que ne pourrait-elle pas faire, si elle était écoutée, dans le temps présent, où les questions sociales, si inextricables qu'elles paraissent tout d'abord, sont pourtant d'une difficulté singulièrement moindre à résoudre que la question de l'esclavage antique ?

Aujourd'hui, vous le savez, et nous le reverrons plus tard, il y a l'école de la violence ; en face d'elle, il y a l'école de l'entente et de la paix sociale. D'un côté, on fait appel à toutes les haines, de l'autre, à toutes les bonnes volontés et à la toute-puissance de l'amour. D'un côté, on parle des droits à conquérir par la force, de l'autre des devoirs à accomplir par tous. Ce n'est pas l'heure encore de nous demander quelle est, pour ces graves problèmes du temps présent, la solution la meilleure. Mais quand le moment en sera venu, vous vous reporterez à tout ce que nous venons de dire. Vous vous demanderez, en vous appuyant non sur des théories abstraites, mais sur des faits précis, s'il vaut mieux suivre ceux qui cherchent à vous conduire à ce grand soir hypothétique où s'écroulera le vieux monde sous la poussée bestiale des convoitises exaspérées, ou ceux qui vous diront que toute chose serait vite remise en ordre, si, tous, nous appliquions en toute vérité le principe de la charité mutuelle. « Aimons sincèrement, un seul jour, notre prochain comme nous-mêmes, et la face du monde sera renouvelée », disait Ketteler. « L'Eglise, écrivait Léon XIII au grand catholique suisse Gaspard Decurtins, a pu, par ses seules forces, enlever cette tache déplorable de la société humaine (l'esclavage) qui l'avait pénétrée comme l'huile. Le spectacle d'une telle œuvre permet de juger de ce qu'elle peut pour dégager la classe ouvrière des maux où l'a conduite la condition actuelle de la société. » (6 août 1893.)

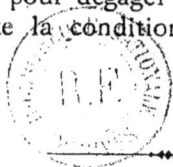

Bar-le-Duc. — Impr. Broaard, Meuwly et Cⁱᵉ. — 6411,8,13.

Original en couleur

NF Z 43-120-8

TABLE DES MATIÈRES

Introduction.................................... **3**

I. — *L'ouvrier avant Jésus-Christ : l'esclave.*

    1º Situation de l'esclave....................... **8**

    2º Conséquences économiques de l'esclavage...... **12**

    3º Mépris du travail.......................... **15**

II. — *Le problème de l'esclavage antique.*

    La solution violente et l'attitude de l'Eglise........ **16**

III. — *L'esclavage antique : la solution de l'Eglise.*

    A Réhabilitation de la personne de l'esclave........ **22**

    B Réhabilitation du travail manuel.............. **27**

    Conclusions **30**

www.ingramcontent.com/pod-product-compliance
Lightning Source LLC
Chambersburg PA
CBHW060756280326
41934CB00010B/2505